고려대 재미있는 한국어

말하기 Speaking

고려대학교 한국어센터 편

KU PRESS
고려대학교출판문화원

고려대학교 한국어센터는 1986년 설립된 이래 한국어와 한국 문화를 재미있게 배우고 효과적으로 가르치는 방법을 연구해 왔습니다. 《고려대 한국어》와 《고려대 재미있는 한국어》는 한국어센터에서 내놓는 세 번째 교재로 그동안 쌓아 온 연구 및 교수 학습의 성과를 바탕으로 하고 있습니다.

이 책의 가장 큰 특징은 한국어를 처음 접하는 학습자도 쉽게 배워서 바로 사용할 수 있도록 구성했다는 점입니다. 한국어 환경에서 자주 쓰이는 항목을 최우선하여 선정하고 이 항목을 학습자가 교실 밖에서 사용할 수 있도록 연습 기회를 충분히 그리고 다양하게 제공하고 있습니다.

이 책을 내기까지 많은 분들의 도움을 받았습니다. 먼저 지금까지 고려대학교 한국어센터에서 한국어를 공부한 학습자들께 감사드립니다. 쉽고 재미있는 한국어 교수 학습에 대한 학습자들의 다양한 요구가 없었다면 이 책은 나오지 못했을 것입니다. 그리고 한국어 학습자들의 요구에 부응하기 위해 열정적으로 교육과 연구에 헌신하고 계신 고려대학교 한국어센터의 선생님들께도 감사드립니다.

무엇보다 한국어 학습자와 한국어 교원의 요구 그리고 한국어 교수 학습 환경을 종합적으로 고려한 최상의 한국어 교재를 위해 밤낮으로 고민하고 집필에 매진하신 저자분들께 깊은 감사를 드립니다. 이 밖에도 이 책이 보다 멋진 모습을 갖출 수 있도록 도와주신 고려대학교 출판문화원의 김상용 원장님과 직원 여러분께도 감사드립니다. 그리고 집필진과 출판문화원의 요구를 수용하여 이 교재에 맵시를 입히고 멋을 더해 주신 랭기지플러스의 편집 및 디자인 전문가, 삽화가의 노고에도 깊은 경의를 표합니다.

부디 이 책이 쉽고 재미있게 한국어를 배우고자 하는 한국어 학습자와 효과적으로 한국어를 가르치고자 하는 한국어 교원 모두에게 도움이 되기를 바랍니다. 또한 앞으로 한국어 교육의 내용과 방향을 선도하는 역할도 아울러 할 수 있게 되기를 희망합니다.

2021년 11월

국제어학원장 김정숙

이 책의 특징

《고려대 한국어》와 《고려대 재미있는 한국어》는 '형태를 고려한 과제 중심 접근 방법'에 따라 개발된 교재입니다. 《고려대 한국어》는 언어 항목, 언어 기능, 문화 등이 통합된 교재이고, 《고려대 재미있는 한국어》는 말하기, 듣기, 읽기, 쓰기로 분리된 기능 교재입니다.

《고려대 한국어》 4A와 4B가 100시간 분량, 《고려대 재미있는 한국어》 말하기, 듣기, 읽기, 쓰기가 100시간 분량의 교육 내용을 담고 있습니다. 200시간의 정규 교육 과정에서는 여섯 권의 책을 모두 사용하고, 100시간 정도의 단기 교육 과정이나 해외 대학 등의 한국어 강의에서는 강의의 목적이나 학습자의 요구에 맞는 교재를 선택하여 사용할 수 있습니다.

<고려대 재미있는 한국어>의 특징

▶ **한국어 사용 환경에 놓이지 않은 학습자도 쉽게 배울 수 있습니다.**
- 성취 수준을 한국어 표준 교육 과정에 맞췄습니다. 한국어를 정확하고 유창하게 사용하는 것이 목표입니다.
- 주제 및 의사소통 기능과 관련된 다양하고 풍부한 입력을 제공하여 충실하게 의사소통 활동을 할 수 있습니다.
- 학습자가 필요로 하는 표현을 제시하고 연습하는 단계를 마련하여 학습한 내용의 이해에 그치지 않고 바로 사용할 수 있습니다.

▶ **학습자의 동기를 이끄는 즐겁고 재미있는 교재입니다.**
- 한국어 학습자가 가장 많이 접하고 흥미로워하는 주제와 의사소통 기능을 다룹니다.
- 한국어 학습자의 특성과 요구를 반영하여 실제적인 자료를 제시하고 유의미한 과제 활동을 마련했습니다.
- 한국인의 언어생활, 언어 사용 환경의 변화를 발 빠르게 반영했습니다.
- 친근하고 생동감 있는 삽화와 입체적이고 감각적인 디자인으로 학습의 재미를 더합니다.

<고려대 재미있는 한국어 4>의 구성

▶ 말하기 15단원, 듣기 13단원, 읽기 13단원, 쓰기 13단원으로 구성하였으며 한 단원은 내용에 따라 1~4시간이 소요됩니다.

▶ 각 기능별 단원 구성은 아래와 같습니다.

말하기

도입	배워요 1~2	말해요 1~3	자기 평가
학습 목표 생각해 봐요	주제, 기능 수행에 필요한 어휘와 문법 제시 및 연습	• 유의적 연습 • 의사소통 말하기 과제	

듣기

도입	들어요 1	들어요 2~3	자기 평가	더 들어요
학습 목표 생각해 봐요	어휘나 표현에 집중한 부분 듣기	주제, 기능과 관련된 다양한 듣기		표현, 기능 등이 확장된 듣기

읽기

도입	읽어요 1	읽어요 2~3	자기 평가	더 읽어요
학습 목표 생각해 봐요	어휘나 표현에 집중한 부분 읽기	주제, 기능과 관련된 다양한 읽기		표현, 기능 등이 확장된 읽기

쓰기

도입	써요 1	써요 2	자기 평가
학습 목표	어휘나 표현에 집중한 문장 단위 쓰기	주제, 기능에 맞는 담화 차원의 쓰기	

▶ 교재의 앞부분에는 '이 책의 특징'을 배치했고, 교재의 뒷부분에는 '정답'과 '듣기 지문'을 부록으로 넣었습니다.

▶ 모든 듣기는 MP3 파일 형태로 내려받아 들을 수 있습니다.

<고려대 재미있는 한국어 4>의 목표

소식과 정보, 엔터테인먼트, 취업, 사건·사고, 사회 변화 등 친숙한 사회적, 추상적 주제를 이해하고 표현할 수 있습니다. 제품의 문제 설명하기, 소식 전달하기, 조사 결과 설명하기 등 사회적 의사소통 기능을 정교하게 수행할 수 있습니다.

이 책의 특징

단원 제목 ◄————

• 단원의 제목입니다.

학습 목표 ◄————

• 단원의 의사소통 목표입니다.

생각해 봐요 ◄————

• 그림이나 사진을 보며 단원의 주제 또는 기능을 생각해
  봅니다.

말하기 8
습관

 습관이나 버릇에 대해 이야기할 수 있다.

💡 생각해 봐요

● 다음 사진을 보고 이 사람은 어떤 습관을 가지고 있는지 이야기하십시오.

📻 배워요

1 다음 표현을 확인하십시오.

 저는 머리를 만지는 버릇이 있어요.

저는 긴장되거나 스트레스를 받을 때
저도 모르게 손톱을 물어뜯어요.

34 고려대 재미있는 한국어 4

말해요 1~3 ◄————

• 의사소통 목표를 달성하기 위한 말하기 과제 활동입니다.

• 이야기하기, 역할극, 인터뷰 등으로 활동 유형이 다양하게 제
  시되며 짝 활동, 소그룹 활동, 교실 밖 활동 등으로 방식의 변
  화를 주어 진행합니다.

🔊 말해요 1

1 여러분은 다음 중 어느 쪽이 더 낫다고 생각합니까? 왜 그렇게 생각합니까?

습관처럼 칭찬을 자주 하는 것	VS	가끔 하더라도 진심을 담아 칭찬하는 것
다른 사람이 모두 운동복을 입은 상황에서 나만 혼자 정장을 입은 경우	VS	다른 사람이 모두 정장을 입은 상황에서 나만 혼자 운동복을 입은 경우
과제가 많지만 내용이 흥미로운 수업을 듣는 것	VS	지루하지만 과제가 거의 없는 수업을 듣는 것
나에게 관심이 많다는 것을 자주 표현하지만 잔소리도 많이 하는 것	VS	나에게 무관심하지만 잔소리도 하지 않는 것
헤어진 애인과 같은 팀이 되어 과제를 하는 것	VS	지금 사귀는 사람의 전 애인과 같은 팀이 되어 과제를 하는 것

2 친구와 생각이 같은 것은 무엇이고 다른 것은 무엇입니까?

50 고려대 재미있는 한국어 4

6 고려대 재미있는 한국어 4

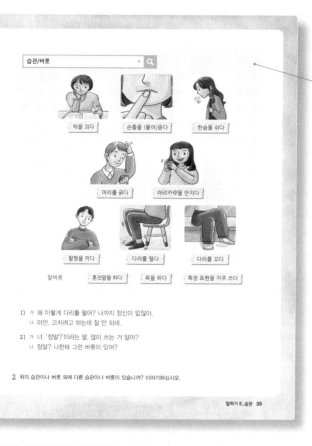

배워요

- 단원의 주제를 표현하거나 의사소통 기능을 수행하는 데 필요한 어휘나 문법 항목입니다.
- 학습한 어휘 및 문법 표현을 숙달하기 위한 말하기 연습 활동입니다.

습관/버릇

턱을 괴다　　손톱을 (물어)뜯다　　한숨을 쉬다

머리를 긁다　　머리카락을 만지다

팔짱을 끼다　　다리를 떨다　　다리를 꼬다

말버릇　　혼잣말을 하다　　욕을 하다　　특정 표현을 자주 쓰다

1) 가 왜 이렇게 다리를 떨어? 나까지 정신이 없잖아.
　　나 미안. 고치려고 하는데 잘 안 되네.

2) 가 너, '정말?'이라는 말, 많이 쓰는 거 알아?
　　나 정말? 나한테 그런 버릇이 있어?

2 위의 습관이나 버릇 외에 다른 습관이나 버릇이 있습니까? 이야기하십시오.

🔊 말해요 2

1 다음을 보고 어떨 때 사용하는 표현인지 생각해 보십시오.

2 고정 관념에 대해 이야기하십시오.

1) 여러분은 당연히 그렇다고 생각하는 고정 관념을 가지고 있습니까? 생각해 보십시오.

2) 서로의 생각을 이야기하십시오. 위의 표현을 참고해도 됩니다.

자신의 의견을 말할 수 있습니까?

자기 평가

- 학습 목표의 달성 여부를 학습자가 스스로 점검합니다.

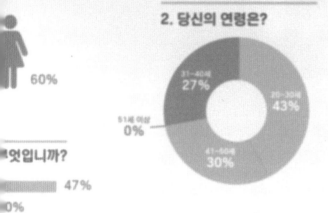

말하기

차례

말하기 1
나의 진로

 진로에 대해 이야기할 수 있다.

 생각해 봐요

● 다음 사진을 보십시오. 이 사람은 무엇을 하고 있습니까?

말해요

1 자기소개를 할 때 보통 무엇을 말합니까? 자기소개의 항목을 이야기하십시오.

이름			

2 자기소개 항목으로 진로를 이야기하려고 합니다. 진로와 관련해서 무엇을 소개하는 것이 좋을지 생각해 보십시오.

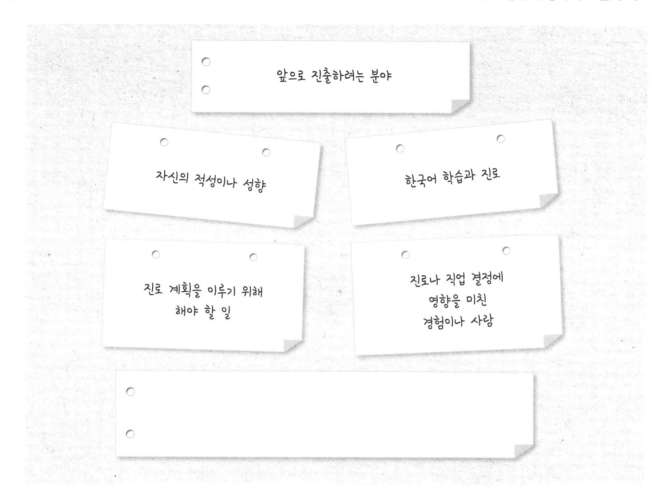

앞으로 진출하려는 분야

자신의 적성이나 성향

한국어 학습과 진로

진로 계획을 이루기 위해 해야 할 일

진로나 직업 결정에 영향을 미친 경험이나 사람

3 무슨 내용을 어떤 순서로 이야기할지 생각해 보십시오.

4 생각한 것을 바탕으로 자기소개를 하십시오.

5 친구와 친구의 진로에 대해 알게 되었습니까? 더 궁금한 것이 있으면 질문하십시오.

진로에 대해 이야기할 수 있습니까?　☆ ☆ ☆ ☆ ☆

집 안의 문제

 집에 생긴 문제를 설명할 수 있다.

 생각해 봐요

● 다음 사진을 보십시오. 이 집에 어떤 문제가 있는지 이야기하십시오.

 배워요

1 다음 표현을 확인하십시오.

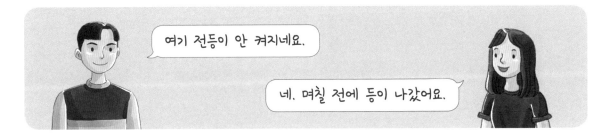

여기 전등이 안 켜지네요.

네. 며칠 전에 등이 나갔어요.

고장과 수리 ▾ 🔍

싱크대 세면대 변기

물이 새다　　　냄새/악취가 나다　　　곰팡이가 피다/생기다

막히다 ➡ 뚫다　　　나가다 ➡ 갈다

얼다 ➡ 녹이다　　　고장 나다 ➡ 고치다/수리하다

하수구 (전)등 보일러

1) 가 하수구가 막혔나 봐요. 물이 안 내려가요.
　　나 그러네요. 내가 한번 뚫어 볼게요.

2) 가 싱크대에서 물이 새네. 사람 불러서 고쳐야겠다.
　　나 그거 관리실에 얘기했어. 오후에 고쳐 주러 온대.

2 집에서 생길 수 있는 문제에는 또 어떤 것이 있습니까?

 말해요

1 집에 생긴 문제와 그 문제를 해결한 경험에 대해 이야기하십시오. 다음 표현을 사용해도 됩니다.

| 당황하다 | 놀라다 | 불편하다 | 큰일 날 뻔하다 |

- (으)ㄴ 적이 있다/없다   - 아/어/여 버리다

- 아야/어야/여야 하다/되다   - (으)ㄹ 줄 알다/모르다

1) 어떤 문제가 있었습니까?

2) 그 문제는 얼마나 오랫동안 지속되었습니까? 그 문제 때문에 어떤 피해를 입었습니까?

3) 어떻게 해결했습니까?

2 현재 살고 있는 집에 문제나 불편한 점이 있습니까? 어떻게 해결할지 이야기하십시오.

1) 어떤 점이 문제입니까? 무엇이 불편합니까?

2) 그것을 해결할 수 있는 방법은 무엇입니까?

| 집에 생긴 문제를 설명할 수 있습니까? | ☆ ☆ ☆ ☆ ☆ |

말하기 3
인생 음식

 인생 음식을 소개할 수 있다.

생각해 봐요

● 이 음식을 먹어 본 적이 있습니까? 이 음식을 모르는 사람에게 소개한다면 어떻게 설명하겠습니까?

🔊 말해요 1

1 음식에 대해 이야기할 때 무엇을 이야기하는지 생각해 보십시오.

맛	식감	재료	조리법	다른 음식과 비교	

2 다음은 음식의 맛과 식감을 나타내는 표현입니다. 어떤 의미인지 확인하십시오.

| 맛 ▼ 🔍 |

매콤하다

달콤하다

새콤하다

짭짤하다

고소하다

담백하다

느끼하다

진하다

(국물이) 얼큰하다

| 식감 ▼ 🔍 |

부드럽다

딱딱하다

질기다

바삭하다

촉촉하다

쫄깃하다

3 먹어 본 음식의 맛과 식감을 이야기하십시오.

🔊 말해요 2

1 여러분의 인생 음식에 대해 이야기하십시오.

   1) 아래의 내용에 대해 생각해 보십시오.

     ● 그 음식의 이름은 무엇입니까?

     ● 어떤 음식입니까? 왜 그 음식이 생각났습니까?

     ● 그 음식은 무엇으로 어떻게 만듭니까?

     ● 그 음식의 맛과 식감은 어떻습니까?

     ● 지금도 자주 먹습니까? 특히 언제 먹고 싶습니까?

   2) 내용을 정리해서 친구에게 소개하십시오.

2 친구의 소개를 듣고 먹어 보고 싶은 음식이 있는지 이야기하십시오.

인생 음식을 소개할 수 있습니까?	☆ ☆ ☆ ☆ ☆

유명 인사

 유명 인사를 소개할 수 있다.

 생각해 봐요

● 다음을 보고 누구인지 이야기하십시오.

🔊 말해요 1

1 다음 직업명을 보고 알맞은 직업군에 넣으십시오.

CEO(최고 경영자),　　검사,　　교황,　　국회 의원,　　군인,　　기상 캐스터,

농구 선수,　　디자이너,　　마술사,　　모델,　　목사,　　바리스타,　　보육 교사,

사상가,　　성우,　　세무사,　　소방관,　　수영 코치,　　수의사,　　승려,

신부,　　아나운서,　　연예인 매니저,　　왕,　　장관,　　장군,　　조종사,

지휘자,　　치과 의사,　　판사,　　평론가,　　학원 강사,　　학자,　　회장

정치인/공무원

경제 기업인

법조인

대중문화인

문화 예술인

스포츠인

언론인

종교인

교육인

의료인

전문 직업인

화제의 인물

역사적 인물

| 유명인: 이름이 널리 알려진 사람 | 위인: 뛰어나고 훌륭한 사람 |

2 각 분야별로 대표적인 인물을 이야기하십시오.

🔊 말해요 2

1 유명인을 소개하십시오.

1) 소개할 유명인을 떠올려 보십시오.

2) 유명인을 소개할 때 주로 언급하는 항목입니다. 무엇을 말하는지 생각해 보십시오.

생애/개인 신상   업적/평가   일화   명언/어록   논란/비난

3) 위의 항목 중 소개할 항목을 선택하고 정보를 간단히 메모하십시오.

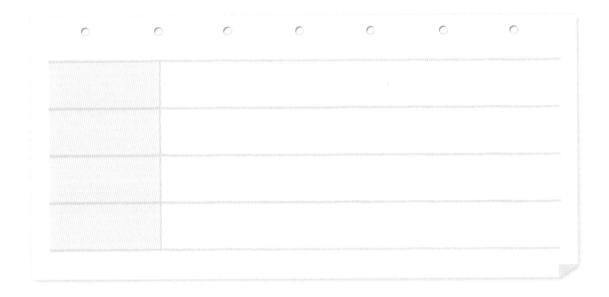

4) 소개에 도움이 되는 사진이나 영상 자료를 찾으십시오.

5) 찾은 정보를 바탕으로 유명인을 소개하십시오.

| 유명 인사를 소개할 수 있습니까? | ☆ ☆ ☆ ☆ ☆ |

말하기 5
문화 차이

 문화 차이에 대해 이야기할 수 있다.

 생각해 봐요

● 다음 사진을 보십시오. 실내에서의 모습입니다. 어떤 차이가 있습니까?

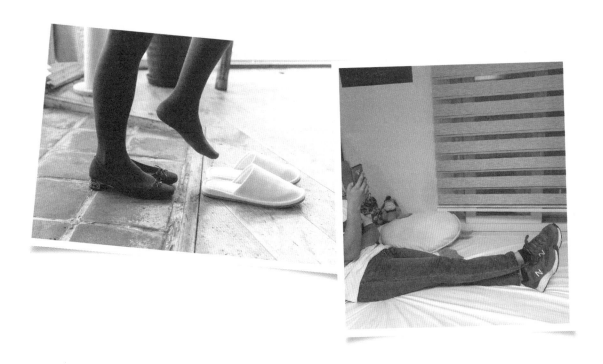

● 여러분 나라에서는 보통 어떻게 합니까? 한국에서는 어떻게 하는지 알고 있습니까?

1 여러분 나라에서는 이럴 때 보통 어떻게 하는지 메모하고 이야기하십시오.

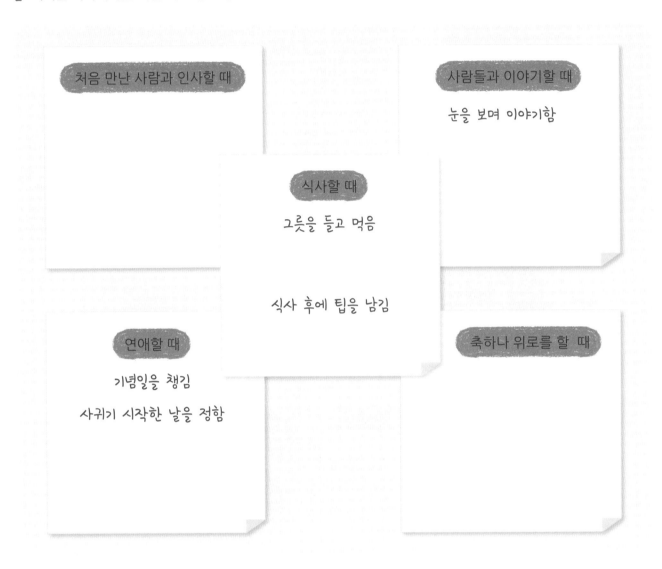

처음 만난 사람과 인사할 때

사람들과 이야기할 때

눈을 보며 이야기함

식사할 때

그릇을 들고 먹음

식사 후에 팁을 남김

연애할 때

기념일을 챙김

사귀기 시작한 날을 정함

축하나 위로를 할 때

2 여러분 나라의 문화와 친구의 나라 또는 한국의 문화가 다른 점이 있습니까? 무엇이 다른지 왜 그런 차이가 있는
   것 같은지 이야기하십시오.

🔊 말해요 2

1 살면서 경험한 문화 차이에 대해 이야기하십시오.

    1) 언제, 어디에서 경험한 일입니까?

    2) 어떤 경험입니까?

    3) 그때 어떤 느낌이 들었습니까?

    4) 그래서 어떻게 했습니까?

2 친구와 이야기를 하면서 새로 알게 된 문화가 있습니까? 재미있거나 신기한 문화가 있습니까? 여러분의 나라에서는 어떻게 합니까? 이야기하십시오.

3 다른 문화에 대해 어떤 태도를 가져야 하는지 이야기하십시오.

문화 차이에 대해 이야기할 수 있습니까?	☆ ☆ ☆ ☆ ☆

설문 조사 ①

설문 조사의 주제와 대상을 정하고 질문을 만들 수 있다.

 생각해 봐요

● 다음 사진을 보고 이 사람이 무엇을 하고 있는지 이야기하십시오.

말해요

1 설문 조사를 하려고 합니다. 조사할 주제와 대상을 정하고 왜 그렇게 정했는지 이야기하십시오.

1) 조사 주제

여유 시간에 하는 일

앞으로 취직하고 싶은 곳

한국 생활

진로

인기 있는 엔터테인먼트

2) 조사 대상

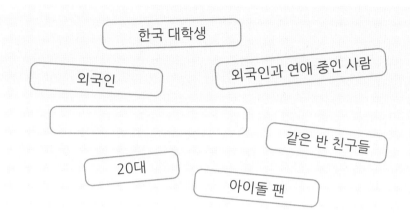

한국 대학생

외국인   외국인과 연애 중인 사람

같은 반 친구들

20대

아이돌 팬

2 설문 조사의 구체적인 내용을 정하십시오.

1) 자신의 설문 조사 주제와 비슷한 주제를 선택한 친구가 있으면 같이 이야기하십시오.

2) 다음의 질문 방식을 보고 어떤 차이가 있는지 이야기하십시오.

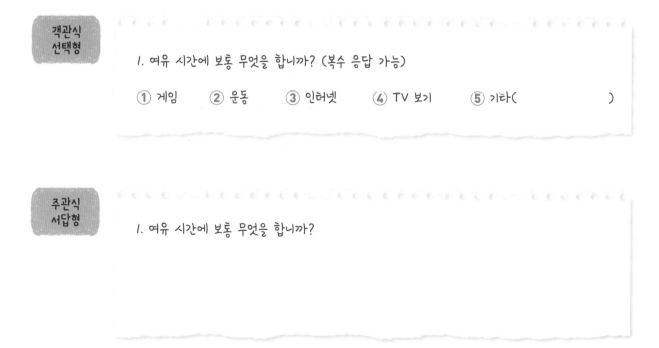

객관식 선택형

/. 여유 시간에 보통 무엇을 합니까? (복수 응답 가능)

① 게임   ② 운동   ③ 인터넷   ④ TV 보기   ⑤ 기타(   )

주관식 서답형

/. 여유 시간에 보통 무엇을 합니까?

3) 다음 질문의 흐름을 보고 어떤 차이가 있는지 이야기하십시오.

A

1. 여유 시간에 보통 무엇을 합니까?

2. 일주일에 몇 시간 정도 합니까?

3. 여가 생활에 돈을 얼마 정도 씁니까?

B

1. 여유 시간에 보통 무엇을 합니까?

    1.1. 그 이유는 무엇입니까?

2. 일주일에 몇 시간 정도 합니까?

4) 자신의 설문 조사 주제에 맞는 질문을 만드십시오.

5) 어떤 순서로 질문을 하면 좋을지 생각해 보십시오.

6) 설문 조사할 내용을 최종적으로 정리하십시오.

설문 조사의 주제와 대상을 정하고 질문을 만들 수 있습니까?	☆ ☆ ☆ ☆ ☆

말하기 7
설문 조사 ②

 설문 조사 결과를 발표할 수 있다.

 생각해 봐요

● 다음 사진을 보십시오. 이 사람은 무엇을 하고 있습니까?

말해요 1

1 설문 조사 결과를 발표하려고 합니다. 무엇을 어떻게 이야기할지 생각해 보십시오.

1) 설문 조사 결과를 발표할 때 사용하는 표현을 확인하십시오.

한국 대학생의 여가 생활

홍길동(국어국문학과)

안녕하십니까? 저는 국어국문학과 2학년 홍길동입니다.

지금부터 한국 대학생들의 여가 생활에 대한 설문 조사 발표를 시작하겠습니다.

한국 대학생의 여가 생활

* 조사 목적: 한국 대학생들이 여유 시간을 보내는
            방법에 대해 알고 싶어서
* 조사 대상: 대학생 30명
* 조사 기간: 4.1. ~ 4.6.

이 주제를 선택한 이유는 대학생들이 여유 시간에 무엇을 하면서 어떻게 보내는지 알고 싶었기 때문입니다. 이를 위해 한국인 대학생 30명을 대상으로 4월 1일부터 6일까지 일주일 동안 설문 조사를 진행했습니다.

한국 대학생의 여가 생활

1. 여유 시간에 하는 일은?

1위. 인터넷 동영상 보기
2위. TV 보기
3위. 산책 및 걷기
기타.

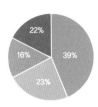

먼저 여유 시간에 무엇을 하냐는 질문에 스마트폰이나 컴퓨터로 동영상을 본다는 대답이 약 40%로 1위를 차지했습니다. 다음으로 TV를 본다는 대답이 23%, 산책 또는 걷는다는 대답이 16%로 그 뒤를 이었습니다. 기타 응답으로는 '반려동물과 논다, 스포츠 경기를 관람한다' 등이 있었습니다.

✔ 발표를 이어 갈 때 2 – 앞 질문과 연결하기, 특별히 알게 된 것 말하기

한국 대학생의 여가 생활

2. 그 일을 하는 이유는?

1위. 간단하고 편해서
2위. 재미있어서
3위. 특별히 할 일이 없어서
기타. 돈이 없어서

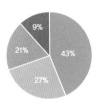

그리고 이어서 그 활동을 하는 이유에 대해 질문했습니다.

• • •

이러한 결과를 통해 한국 대학생들은 주로 집에서, 쉽고 편하게 할 수 있는 활동들을 선호한다는 것을 알 수 있었습니다.

✔ 발표를 마무리할 때

감사합니다.

이상으로 대학생들의 여가 생활에 대한 설문 조사 발표를 마치겠습니다.

혹시 발표와 관련해서 궁금한 점이 있으십니까?

들어 주셔서 감사합니다.

2) 발표를 여러 명이 할 경우 다음 상황에서 어떻게 이야기하는지 확인하십시오.

✔ 팀으로 인사할 때

안녕하십니까? 저희는 ☆☆ 팀입니다.

저는   A   와   B   에 대해 발표할 ○○○입니다.

✔ 중간에 다음 팀원에게 발표를 넘길 때

제 발표는 여기까지입니다.

이 다음부터는/계속해서   C   와   D   에 대해 △△△ 씨가 발표하겠습니다.

2 여러분의 발표 자료를 보면서 연습하십시오.

 **말해요 2**

1 친구들 앞에서 여러분의 설문 조사 결과를 발표하십시오.

2 친구의 발표를 잘 들었습니까? 발표를 듣고 새롭게 알게 된 것에 대해 이야기하십시오.

설문 조사 결과를 발표할 수 있습니까?	☆ ☆ ☆ ☆ ☆

말하기 8
습관

 습관이나 버릇에 대해 이야기할 수 있다.

 생각해 봐요

● 다음 사진을 보고 이 사람은 어떤 습관을 가지고 있는지 이야기하십시오.

 배워요

1 다음 표현을 확인하십시오.

저는 머리를 만지는 버릇이 있어요.

저는 긴장되거나 스트레스를 받을 때
저도 모르게 손톱을 물어뜯어요.

턱을 괴다

손톱을 (물어)뜯다

한숨을 쉬다

머리를 긁다

머리카락을 만지다

팔짱을 끼다

디리를 떨다

다리를 꼬다

말버릇   혼잣말을 하다   욕을 하다   특정 표현을 자주 쓰다

1) 가 왜 이렇게 다리를 떨어? 나까지 정신이 없잖아.
   나 미안. 고치려고 하는데 잘 안 되네.

2) 가 너, '정말?'이라는 말, 많이 쓰는 거 알아?
   나 정말? 나한테 그런 버릇이 있어?

2 위의 습관이나 버릇 외에 다른 습관이나 버릇이 있습니까? 이야기하십시오.

🔊 말해요 1

1 습관이나 버릇에 대해 이야기하십시오.

　1) 여러분 또는 여러분의 주위 사람은 어떤 습관이나 버릇이 있습니까?

　2) 보통 언제 그런 습관이나 버릇이 나타납니까?

　3) 그런 행동을 하면 주변 사람들이 뭐라고 합니까?

　4) 자신은 몰랐지만 주변 사람들 때문에 알게 된 습관이나 버릇이 있습니까?

🔊 말해요 2

1 자신의 습관에 대해 이야기하십시오.

　1) 여러분이 가지고 있는 **좋은 습관**에 대해 이야기하십시오.

　　● 어떤 습관인지

　　● 만들게 된 계기/생기게 된 계기

　　● 이 습관 덕분에 좋아진 점

　2) 고치고 싶은 습관에 대해 이야기하십시오.

　　● 어떤 습관인지

　　● 이 습관 때문에 생긴 문제

　　● 고치지 못했던 이유

　　● 고치는 방법

3) 최근에 새로 생긴 습관에 대해 이야기하십시오.

- 어떤 습관인지

- 생기게 된 계기

- 이 습관을 유지할 생각인지, 아니면 고칠 생각인지, 왜 그렇게 생각하는지

4) 새로 만들고 싶은 습관에 대해 이야기하십시오.

- 어떤 습관을 만들고 싶은지

- 만들고 싶은 이유

- 만들기 위한 방법

습관이나 버릇에 대해 이야기할 수 있습니까?	☆ ☆ ☆ ☆ ☆

동물

동물의 특징을 설명할 수 있다.

 생각해 봐요

● 다음 사진 속 동물의 이름을 알고 있습니까? 이 동물은 어떤 특징이 있는지 이야기하십시오.

 배워요

1 다음 표현을 확인하십시오.

| 동물의 생김새 | ▼ | 🔍 |

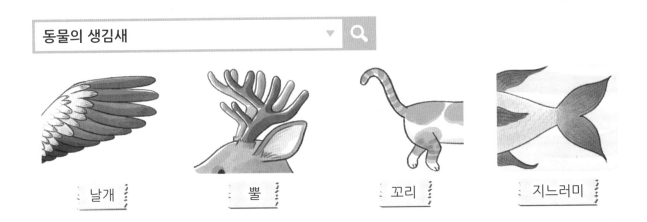

날개　　　뿔　　　꼬리　　　지느러미

이빨	주둥이	부리	더듬이
털	비늘	발톱	물갈퀴

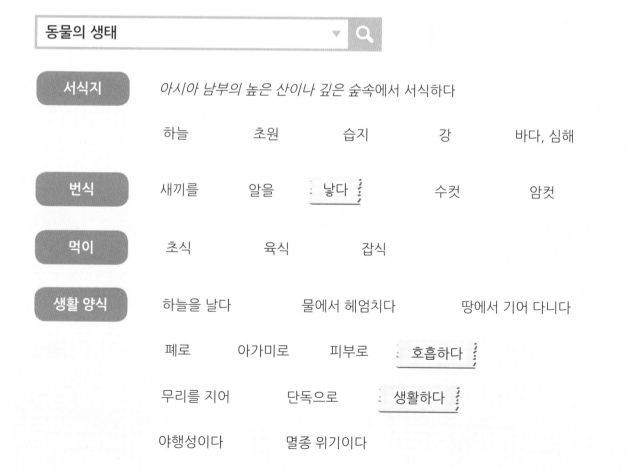

동물의 생태 ▽ 🔍

서식지	*아시아 남부의 높은 산이나 깊은 숲속에서 서식하다*				
	하늘	초원	습지	강	바다, 심해

번식	새끼를	알을	낳다	수컷	암컷

먹이	초식	육식	잡식

생활 양식

하늘을 날다   물에서 헤엄치다   땅에서 기어 다니다

폐로   아가미로   피부로   호흡하다

무리를 지어   단독으로   생활하다

야행성이다   멸종 위기이다

1) 가 생김새는 어떤 특징이 있습니까?
　 나 몸집이 작은 편인데 부드러운 갈색 털로 덮여 있습니다.

2) 가 이 동물은 육지에 사는 동물 중 가장 몸집이 크며 30~40마리가 무리를 지어 생활합니다.

2 다음 동물의 공통점을 알아보고 각 동물의 이름을 찾으십시오.

포유류

조류

어류　　파충류　　곤충

개미, 공룡, 금붕어, 늑대, 독수리,
돌고래, 말, 모기, 뱀, 벌,
비둘기, 상어, 악어, 앵무새, 원숭이,
잠자리, 쥐, 코뿔소, 파리, 펭귄

말해요 1

1 동물의 특징을 설명하십시오.

1) 다음 동물에 대한 정보를 확인하십시오.

종류	[포유류] 새끼를 낳아 젖을 먹여 키움. 폐로 호흡
몸집	몸길이 3.7~5.4m. 무게 1,600~3,200kg
생김새	머리와 목이 매우 큼. 다리가 짧음. 송곳니가 크고 강함
생활 양식	20~30마리가 무리를 지어 생활. 초식성
서식	아프리카의 사하라 사막 남쪽. 호수, 늪

2) 위 동물에 대해 설명하십시오.

말해요 2

● 동물을 설명하는 '스피드 퀴즈'를 하십시오.

동물의 특징을 설명할 수 있습니까?	☆ ☆ ☆ ☆ ☆

말하기 10
사건 사고 전달

사건이나 사고 경험을 전달할 수 있다.

 생각해 봐요

● 다음 사진을 보십시오. 두 사람은 무슨 이야기를 하고 있을까요?

 말해요 1

1 알고 있는 사건이나 사고를 다른 사람에게 전하는 상황입니다. 어떻게 이야기하는지 확인하십시오.

- 학교 앞 '맛나 식당'
- 어제저녁
- 전기로 인한 화재
- 피해 상황 모름

학교 앞에 맛나 식당 있잖아.
어제저녁에 거기 불났대.

그래? 어쩌다가 불이 났대?

전기 때문이라고 하던데 정확히는 모르겠어.

어제 맛나 식당에 불났다면서?

응. 전기 때문에 불이 났다고 하더라.

사람들은 안 다쳤대?

글쎄. 그거까지는 못 들었어.

2 여러분도 위와 같이 이야기하십시오.

①

- 회사 앞 사거리
- 오늘 아침
- 택시 기사 신호 위반
- 피해 상황 모름

②

- 학교 기숙사
- 어제 새벽
- 화재 원인은 정확히 모름
- 다친 사람 없음

말해요 2

1 사건이나 사고 내용을 전달하십시오.

  1) 어떤 사고에 대해 알고 싶습니까?

    A 놀이공원에서 화재가 발생함   **B** 가수 제이가 교통사고를 냄

  2) 다음은 위 사고의 내용입니다. 알고 있는 것을 친구에게 전달하십시오.

A		
시간	어제 오후 2시쯤	
장소	시내 놀이공원 화장실	
원인	담뱃불로 인한 화재	
피해	화장실 내부 탐 재산 피해 약 100만 원	
기타	놀이 기구 일부 운행 안 함	

B		
시간	어젯밤 11시경	
장소	시내 도로	
원인	과속 운전, 앞 차량을 들이받음	
피해	제이 입원(목, 허리 부상) 상대편 운전자는 괜찮음	
기타	이번 주 공연 취소	

2 여러분이 경험하거나 다른 사람에게 들은 사건이나 사고에 대해 이야기하십시오.

> 사건이나 사고 경험을 전달할 수 있습니까? ☆ ☆ ☆ ☆ ☆

말하기 11
말하기 대회

 말하기 대회에 참가해서 발표할 수 있다.

 생각해 봐요

● 다음 사진을 보십시오. 이 사람은 무엇을 하고 있습니까?

● 여러분은 말하기 대회에 참가한 적이 있습니까?

🔊 말해요 1

1 다음은 여러 사람 앞에서 발표를 할 때 주의해야 할 항목입니다. 무엇을 의미하는지 이야기하십시오.

체크 리스트

☐ 이야기의 순서가 자연스러운지

☐ 발음과 억양이 자연스러운지

☐ 주제가 참신하고 재미있는지

☐ 자신감 있는 태도로 발표하는지

☐ 목소리가 크고 자세가 바른지

☐ 정확한 문법과 표현을 사용하는지

☐ 청중의 반응을 살피면서 이야기하는지

2 위의 내용을 '발표 원고를 쓸 때' 고려할 것과 '발표를 할 때' 고려할 것으로 구분하여 넣으십시오.

발표 원고를 쓸 때	발표를 할 때

3 위의 내용 외에 더 주의해야 할 내용이 있는지 이야기하십시오.

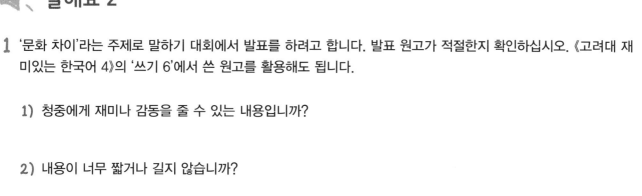

말해요 2

1 '문화 차이'라는 주제로 말하기 대회에서 발표를 하려고 합니다. 발표 원고가 적절한지 확인하십시오. 《고려대 재미있는 한국어 4》의 '쓰기 6'에서 쓴 원고를 활용해도 됩니다.

1) 청중에게 재미나 감동을 줄 수 있는 내용입니까?

2) 내용이 너무 짧거나 길지 않습니까?

3) 이야기의 순서가 자연스럽습니까?

4) 사용된 표현이 자연스럽고 정확합니까?

2 준비한 원고를 효과적으로 전달하기 위한 방법을 생각해 보십시오.

1) 발표 원고를 보지 않고 전달할 수 있습니까?

2) 목소리의 크기와 말하는 속도가 적절합니까?

3) 태도와 제스처, 시선 처리가 적절합니까?

4) 청중의 흥미를 끌 수 있는 사진이나 소품이 있습니까?

3 준비한 내용을 바탕으로 청중 앞에서 발표하십시오.

말해요 3

1 다음의 심사 기준에 맞춰 친구들의 발표를 평가하십시오.

1) 심사 기준의 내용을 확인하십시오.

평가 기준		배점
내용 및 구성	주제가 참신하고 재미있었습니까?	/30
	내용이 너무 짧거나 길지 않았습니까?	
	무엇을 말하려고 하는지 이해할 수 있었습니까?	
	이야기의 순서가 자연스럽고 연결이 잘되었습니까?	
언어 사용	정확한 문법과 표현을 사용했습니까?	/20
	말하려고 하는 내용에 맞는 문법과 어휘를 다양하게 사용했습니까?	
전달력	주저하지 않고 발표했습니까?	/30
	사진이나 그림 등의 자료를 효과적으로 사용했습니까?	
	발음과 억양이 자연스러웠습니까?	
태도	자신 있는 태도로 발표했습니까?	/20
	자연스러운 태도로 청중의 관심을 집중시켰습니까?	
총점		/100점

2) 발표를 들으면서 점수를 주십시오.

3) 심사 결과를 비교하며 이야기하십시오.

2 심사 결과에 따라 가장 좋은 발표를 한 사람을 뽑아 시상을 하십시오.

말하기 대회에 참가해서 발표할 수 있습니까?	☆ ☆ ☆ ☆ ☆

말하기 12
같은 생각 다른 생각

 자신의 의견을 말할 수 있다.

 생각해 봐요

● 다음 사진을 보십시오. 이 사람은 어느 것을 선택할 것 같습니까?

● 여러분은 어느 것을 선택하겠습니까? 그 이유는 무엇입니까?

1 여러분은 다음 중 어느 쪽이 더 낫다고 생각합니까? 왜 그렇게 생각합니까?

습관처럼 칭찬을 자주 하는 것	VS	가끔 하더라도 진심을 담아 칭찬하는 것

다른 사람이 모두 운동복을 입은 상황에서 나만 혼자 정장을 입은 경우	VS	다른 사람이 모두 정장을 입은 상황에서 나만 혼자 운동복을 입은 경우

과제가 많지만 내용이 흥미로운 수업을 듣는 것	VS	지루하지만 과제가 거의 없는 수업을 듣는 것

나에게 관심이 많다는 것을 자주 표현하지만 잔소리도 많이 하는 것	VS	나에게 무관심하지만 잔소리도 하지 않는 것

헤어진 애인과 같은 팀이 되어 과제를 하는 것	VS	지금 사귀는 사람의 전 애인과 같은 팀이 되어 과제를 하는 것

2 친구와 생각이 같은 것은 무엇이고 다른 것은 무엇입니까?

🔊 말해요 2

1 다음을 보고 어떤 때 사용하는 표현인지 생각해 보십시오.

2 고정 관념에 대해 이야기하십시오.

1) 여러분은 당연히 그렇다고 생각하는 고정 관념을 가지고 있습니까? 생각해 보십시오.

2) 서로의 생각을 이야기하십시오. 위의 표현을 참고해도 됩니다.

자신의 의견을 말할 수 있습니까?	☆ ☆ ☆ ☆ ☆

말하기 13
환경

 환경을 위해 하는 일에 대해 말할 수 있다.

 생각해 봐요

● 다음 사진을 보고 이 사람이 무엇을 하고 있는지 이야기하십시오.

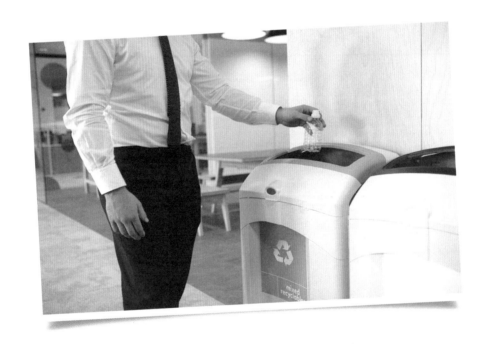

🔊 말해요

1 다음은 환경과 관련된 표현입니다. 무엇을 말하는지 이야기하십시오.

환경 오염	일회용품	친환경	탄소
재활용	에너지 절약		환경 보호

2 다음은 환경 보호를 위해 우리가 할 수 있는 일들입니다. 여러분이 환경을 위해 하고 있는 일에 ✔표를 하고 친구와 이야기하십시오.

비닐봉지 대신 장바구니를 사용한다
O X

텀블러를 가지고 다닌다
O X

음식을 남기지 않는다
O X

안 쓰는 물건을 팔거나 기부한다
O X

쓰레기를 철저히 분리해 배출한다
O X

샴푸, 세제 등 화학 제품 사용을 줄인다
O X

친환경 제품을 사용한다
O X

물을 틀어 놓고 이를 닦지 않는다
O X

전기 제품을 사용한 후에는 코드를 뽑아 놓는다
O X

오래된 이메일과 스팸 메일을 자주 삭제한다
O X

가까운 거리는 걷거나 자전거를 탄다
O X

적정 실내 온도를 지킨다
(겨울철 18~20도, 여름철 26~28도)
O X

육류 소비를 줄인다
O X

환경 보호 단체에 관심을 가지고 있다
O X

3 여러분은 환경을 보호하기 위해 노력하는 편입니까? 위에서 이야기한 것 외에 환경을 위해 할 수 있는 것으로 무엇이 있을지 이야기하십시오.

환경을 위해 하는 일에 대해 말할 수 있습니까?	☆ ☆ ☆ ☆ ☆

말하기 14
후회

 후회되는 일에 대해 말할 수 있다.

생각해 봐요

● 여러분은 '인어 공주' 이야기를 알고 있습니까? 여러분이 이 이야기의 주인공이라면 어떤 일을 후회할 것 같습니까?

배워요 1

1 다음 표현을 확인하십시오.

1) 가 여기 문 닫았네. 오늘 휴일인가 봐.
   나 그러게. 전화라도 해 보고 올걸.

2) 가 날씨 엄청 춥다. 이럴 줄 알았으면 나오지 말걸.
   나 난 더 좋은데. 날씨가 추워서 그런지 사람들도 별로 없고.

3) 가 대학원 지원 준비는 잘하고 있어요?
   나 한국어능력시험 성적이 없어서 다음 학기에 지원해야 될 것 같아요.
   이럴 줄 알았으면 미리미리 볼 걸 그랬어요.

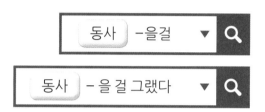

2 다음 상황이라면 무엇이 후회될 것 같은지 이야기하십시오.

할인해서 물건을 샀는데
성능도 별로 안 좋고
만든 지 오래된 제품이었다

지원자가 많을 것 같아서
장학금을 신청하지 않았는데
신청자 모두가 장학금을 받았다

부모님과 통화를 하다가
짜증을 내고 전화를 끊었다

씻지도 않고
옷도 대충 입고 나왔는데
짝사랑하는 사람을 우연히 만났다

배워요 2

1 다음 표현을 확인하십시오.

마녀한테 목소리를 준 게
너무 후회돼. 목소리가 있었더라면
왕자를 살려 준 사람이 나라고
말했을 텐데···.

1) 가 여기 가려면 버스를 세 번이나 갈아타야 되네. 경치는 좋은데 교통은 정말 안 좋다.

나 그러네. 우리 중에 한 명이라도 운전할 수 있었으면 쉽게 갈 수 있었을 텐데.

2) 가 결국 그 사람이랑 헤어졌다면서?

나 응. 그런 사람인 줄 처음부터 알았더라면 사귀지도 않았을 텐데.

3) 가 시험 결과 나왔어요?

나 떨어졌어요. 합격점에서 3점이 부족하더라고요.

가 진짜요? 한 문제만 더 맞혔으면 합격할 수 있었을 텐데요. 아쉽겠어요.

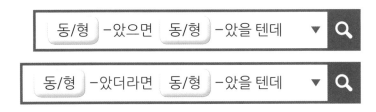

동/형 -았으면　동/형 -았을 텐데　▼ 🔍

동/형 -았더라면　동/형 -았을 텐데　▼ 🔍

2 다음 상황이라면 무엇이 후회될 것 같은지 이야기하십시오.

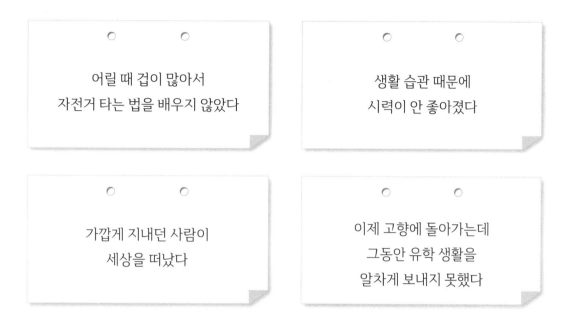

어릴 때 겁이 많아서
자전거 타는 법을 배우지 않았다

생활 습관 때문에
시력이 안 좋아졌다

가깝게 지내던 사람이
세상을 떠났다

이제 고향에 돌아가는데
그동안 유학 생활을
알차게 보내지 못했다

🔊 말해요

1 여러분은 후회를 자주 하는 편입니까, 자주 하지 않는 편입니까? 왜 그렇습니까?

2 다음과 관련된 후회되는 일이 있습니까? 과거로 돌아갈 수 있다면 어떻게 하겠습니까?

어린 시절	공부
습관이나 버릇	인간관계

3 후회하지 않는 삶을 살려면 어떻게 해야 할지 이야기하십시오.

후회되는 일에 대해 말할 수 있습니까?	☆ ☆ ☆ ☆ ☆

말하기 15
나를 맞혀 봐

 친구에 대한 문제를 듣고 진실인지 거짓인지 맞힐 수 있다

 생각해 봐요

● 다음 사진을 보십시오. 이 사람은 어떤 경험을 했습니까? 이 경험이 진실일지 거짓일지 생각해 보십시오.

저는 고향에 있을 때
연극에 출연한 적이 있어요.

저는 복권에 당첨된
적이 있어요.

 **말해요**

☆☆ 나를 맞혀 봐!

자신과 관련된 일이나 경험에 대한 진실과 거짓을 하나씩 말하면 다른 친구들이 듣고
무엇이 진실이고 무엇이 거짓인지 맞히는 게임입니다.

1. 친구들이 들으면 믿지 못할 진실과 거짓 이야기 하나씩을 한 문장으로 만드십시오.

2. 두 팀으로 나누어 먼저 A팀 팀원 중 한 명이 자신에 대한 이야기 두 가지를 모두 말합니다.

3. B팀은 질문 5개를 만들어 질문을 합니다. 질문이 5개밖에 없으므로 신중하게 결정하십시오.
   그리고 질문하는 동안 A팀 팀원의 표정과 행동도 잘 관찰하십시오.

4. 정답을 확인하고 A팀과 B팀의 역할을 바꾸어 게임을 다시 진행하십시오.

5. 최종적으로 진실과 거짓을 많이 맞힌 팀이 승리합니다.

---

1 자신과 관련된 진실과 거짓 이야기를 하나씩 만들고 상대 팀에게 문제를 내십시오.

2 상대 팀의 이야기를 듣고 적절한 질문을 생각하고 정답을 맞히십시오.

3 어느 팀이 더 많이 맞혔습니까? 누가 가장 친구들에 대해 잘 알고 있습니까?

친구에 대한 문제를 듣고 진실인지 거짓인지 맞힐 수 있습니까?	☆ ☆ ☆ ☆ ☆

고려대
재미있는
한국어 **4**

말하기 Speaking

초판 발행 1쇄	2021년 12월 10일
지은이	고려대학교 한국어센터
펴낸곳	고려대학교출판문화원
	www.kupress.com
	kupress@korea.ac.kr
	02841 서울특별시 성북구 안암로 145
	Tel 02-3290-4230, 4232
	Fax 02-923-6311
유통	한글파크
	www.sisabooks.com/hangeul
	book_korean@sisadream.com
	03017 서울시 종로구 자하문로 300 시사빌딩
	Tel 1588-1582
	Fax 0502-989-9592
일러스트	황인옥, 황주리
편집디자인	한글파크
찍은곳	(주)동화인쇄
ISBN	979-11-90205-00-9 (세트)
	979-11-91161-14-4 04710

값 12,000원

※ 잘못 만들어진 책은 바꿔 드립니다.